OLLI

Wohnt in Sydney (Australien)
Experte für Regenwälder

Olli spürt eine tiefe Verbundenheit zur Natur. Er weiß, wie unberechenbar sie sein kann und wie man sich um sie kümmert. Als er klein war, verlor seine Familie ihr Zuhause bei einem Buschfeuer. Seitdem gibt er sich große Mühe, respektvoll mit der Umwelt umzugehen, und das Gleiche gilt für die Gefühle anderer. Olli hält die Forscher-Kids in schwierigen Zeiten zusammen.

DK

Ein Fall für die ForscherKids

Kometen-Alarm

S. J. King

INHALT

ROSHNIS NOTIZEN

Kapitel 1
STERNGUCKER

Roshni befestigte aufgeregt ihr Teleskop an seinem Ständer. „Ich hoffe wirklich, dass ich ihn heute Nacht sehe", murmelte sie vor sich hin.

Sie stand am Ufer des Pangong-Sees in Indien. Das Wasser wirkte fast so ruhig und still wie die Oberfläche des Monds.

Roshnis Eltern unterhielten sich leise am Lagerfeuer. Die riesigen Gipfel des

Himalaja-Gebirges ragten in der Ferne auf, ihre Umrisse verdeckten einen Teil des Himmels. Über ihnen leuchteten unzählige Sterne wie Glitzerstaub.

Es war kühl, aber das störte Roshni nicht. Auch die Dunkelheit machte ihr keine Angst. Sie liebte die Nacht. Je dunkler, desto besser. In der Stadt waren die Sterne wegen der Straßenlaternen nur schlecht zu erkennen, aber hier draußen, weit entfernt von Siedlungen, erstrahlten sie im hellsten Licht. *Der perfekte Ort für Sterngucker*, dachte Roshni.

Sie stellte ihr Teleskop richtig ein und spähte durch das Objektiv. Es war kein Spielzeug, sondern ein echtes wissenschaftliches Instrument und beinahe einen Meter lang. Roshni war sehr stolz darauf. Auf das Rohr hatte sie ihren Lieblingsspruch geschrieben: *Die Nacht verbirgt die Welt, doch sie enthüllt das Universum.*

Sorgfältig richtete sie das Teleskop aus und fand einen hell leuchtenden Planeten in der Dunkelheit.

„Ich seh dich, Jupiter!“, flüsterte sie. „Hallo, Großer.“

Es war Juni, die Zeit im Jahr, in der Jupiter auf seiner Umlaufbahn der Erde am nächsten war. Roshni hatte Jupiter schon zuvor gesehen, aber noch nie so klar. Jetzt erkannte sie sogar seine farbigen Streifen.

Was Roshni unbedingt sehen wollte, war der gigantische Sturm auf Jupiters Oberfläche, der Großer Roter Fleck genannt wurde. Sie stellte sich ihn wie das Auge eines zornigen Riesen vor. Aber sie konnte nicht näher heranzoomen.

Sie seufzte. Ihr geliebtes Teleskop war einfach nicht stark genug. Dann fiel ihr ein: „Mein neues Objektiv!“

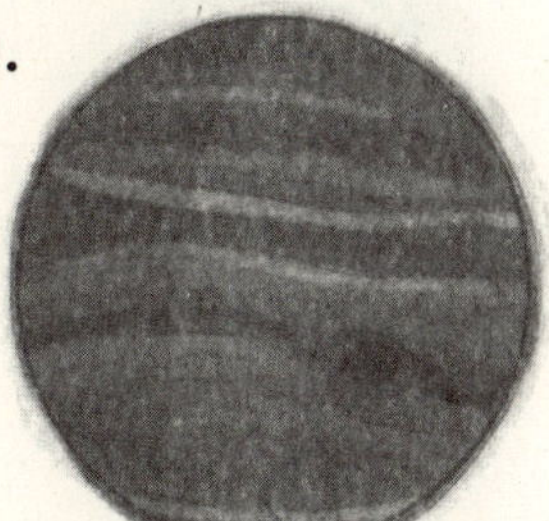

Roshni hatte es von ihren Eltern geschenkt bekommen.

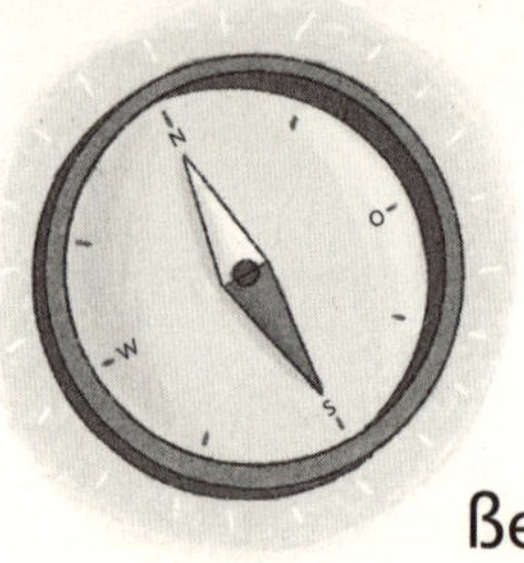

Würde dieses Objektiv Jupiter so vergrößern, dass sie den Großen Roten Fleck erkennen konnte?

Sie rannte zu ihrem kleinen Zelt, um es zu holen. Wie angewurzelt blieb sie stehen. Auf dem Zelt leuchtete das Symbol eines Kompasses auf.

Roshni kannte diesen Kompass gut. An ihrer Jacke trug sie ein Abzeichen mit exakt derselben Form – dem Zeichen der Forscher-Kids!

Lächelnd schlüpfte Roshni ins Zelt, wo grelles Licht sie umfing. Wind pfiff durch ihre Haare und ließ ihre Jacke flattern. Sie hatte das Gefühl, wie ein Komet über den Himmel zu rasen.

Dann verblasste das Licht und Roshni schaute sich um.

Sie stand zwischen den vertrauten schwarzen Steinmauern der geheimen Forscherzentrale. Sie glänzten wie Spiegel. Die darin eingebauten Computerbildschirme flackerten.

„Roshni hier!", rief sie.

Die einzige andere Person im Raum war Tamiko, die ein paar Fossilien in einer Vitrine sortierte. „Hi", sagte sie und winkte ihr zu. Trotz unterschiedlicher Muttersprachen verstanden sie einander dank der Magie der Forscherzentrale.

Roshni winkte zurück. „Dinoknochen?"

„Ja, hab ich selbst ausgegraben", sagte Tamiko stolz. Sie war die Dinosaurier-Expertin der Forscher-Kids.

Roshni war ganz hibbelig, dass sie wieder hier war. Sie ließ sich auf das riesige Kuschelsofa fallen und wartete auf die anderen.

An der gewölbten Decke über ihr prangte eine Abbildung der Milchstraße. Auf den Boden war eine riesige Weltkarte gemalt.

Da! Endlich eilten die anderen Kinder durch den leuchtenden Türrahmen herein. Auf der Karte blitzten winzige Lichter in den Ländern auf, aus denen sie gerade kamen.

„Connor hier!“ Connor winkte Roshni und Tamiko zu. Er war der Meeresforscher und wusste alles über Ozeane.

Lea, die Biologie-Expertin, folgte ihm. Sie beschäftigte sich mit Pflanzen und Tieren.

Ihr folgte Olli, der die grüne Kleidung trug, in der er stets den Regenwald erforschte. „Was ist unsere Mission?“, fragte er.

„Die Forscherzentrale hat es uns noch nicht gesagt“, erwiderte Roshni.

„Kiki hier!“ Ein Mädchen sauste auf einem Elektro-Skateboard durch die Tür.

Kiki war Technikerin und hatte sich das Skateboard selbst gebaut.

Cheng, der Geologie-Experte, rannte als Nächstes herein. Er trug ein T-Shirt, auf dem bunte Steine abgebildet waren. Gustavo, der Experte für Geschichte, war ihm dicht auf den Fersen, und die Tür schloss sich.

Die Forscher-Kids stellten sich im Kreis um die Weltkarte herum auf. Gleich würde ihnen die Forscherzentrale ihre Mission zeigen.

Gleich war es so weit ...

„Es passiert nichts“, sagte Gustavo. „Ist die Zentrale etwa kaputt?“

„Auf keinen Fall“, sagte Kiki streng.

„Ah, deshalb!“ Cheng lachte auf und zeigte nach oben. „Wir müssen nur an der richtigen Stelle suchen.“

Alle schauten zur Milchstraße hinauf, die an der Decke leuchtete. Roshni platzte fast vor Aufregung. Es ging um eine Weltraum-Mission – und sie war die Weltraum-Expertin!

Zwischen den Sternen öffnete sich ein Fenster, in dem ein Bild erschien. Es zeigte einen metallisch glänzenden Gegenstand mit einer großen Satellitenschüssel. Das Objekt zog langsam durch die Dunkelheit.

„Das ist eine Raumsonde!", sagte Roshni.

„Eine was?" Lea runzelte die Stirn.

„Eine Art unbemanntes Raumschiff. Es wird von der Erde aus gesteuert", erklärte Roshni. „Wissenschaftler schicken Sonden in den Weltraum, um Dinge herauszufinden. Auf dieser hier muss es ein Problem geben!"

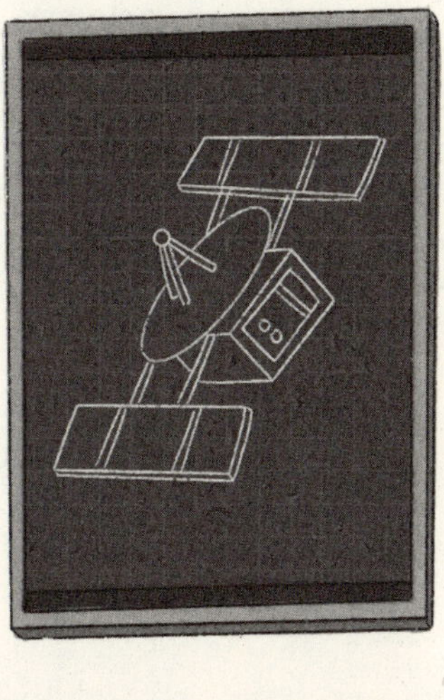

Jetzt, da sie wussten, was die Mission war, blieb nur noch eine Frage: Wer würde dafür ausgewählt werden? *Ich hoffe, ich bin dabei*, dachte Roshni. Die Spannung stieg. Die Forscher-Kids wussten, dass nur zwei von ihnen gewählt werden würden.

Roshnis Kompass leuchtete auf.

„Ja!", jubelte sie. „Weltraum, ich komme!"

Alle lachten.

„Das überrascht mich nicht", sagte Tamiko freundlich. „Du bist schließlich unsere Weltraum-Expertin!"

Aber dann leuchtete Ollis Abzeichen auf.

Er wunderte sich: „Äh ... Gibt es im Weltraum Regenwälder?"

„Soweit wir wissen, nicht", sagte Roshni.

„Keine Sorge", antwortete Connor. „Die Forscherzentrale wählt immer die Richtigen. Das wissen wir doch alle, stimmt's?"

Die anderen nickten. Manchmal verstanden sie die Entscheidungen der Zentrale zwar nicht auf Anhieb. Aber bisher hatte sie immer richtig gelegen.

„Okay, Leute. Seid ihr bereit?" Kiki rieb sich erwartungsvoll die Hände. „Ich liebe diesen Part!"

Sie trat zu den Computern und drückte einen riesigen roten Knopf.

Mit metallischem Knirschen tauchte aus dem Boden eine Plattform auf. Darauf stand ein schäbiges, altes Gokart mit zwei Plastiksitzen. Es hieß *Kolumbus*, benannt nach dem berühmten Seefahrer.

Die Forscher-Kids wussten, dass in der *Kolumbus* viel mehr steckte, als es den Anschein hatte.

Die Kinder, die nicht an der Mission teilnahmen, setzten sich an ihre Computer. Die Bildschirme leuchteten auf und zeigten Bilder des Sonnensystems. Roshni wusste, falls sie und Olli Hilfe brauchen würden, konnten sie jederzeit ihre Freunde anrufen.

PIEP-PIEP, machte die *Kolumbus*. Es klang wie: „Beeilt euch!"

„Keine Sorge", sagte Roshni belustigt. „Wir können es auch kaum abwarten."

Sie und Olli kletterten auf ihre Sitze und schnallten die Sicherheitsgurte an. Roshni holte tief Luft und drückte den leuchtenden Knopf, auf dem START stand.

Sofort wurden sie in blendend helles Licht getaucht. Mit einem tiefen, ratternden Surren begann die *Kolumbus*, sich zu verwandeln. Die harten Plastiksitze bekamen weiche Polster, und Olli und Roshni staunten nicht schlecht, als vor ihnen reihenweise Steuerungselemente erschienen.

Vor ihnen tat sich ein wirbelnder Lichttunnel auf und die *Kolumbus* schoss vorwärts.

Sie beschleunigte und wurde immer schneller. Das Licht wurde so grell, dass ihnen die Augen wehtaten. Roshni kniff sie zusammen, bis das Licht wieder genauso schnell verblasste.

Staunend und mit offenem Mund sah Roshni sich um. Vor ihr waren ein riesiges Fenster, komplizierte Armaturen und ein Steuerknüppel. Draußen umgab sie tiefste Schwärze. Darin glitzerten Sterne wie Diamanten. Alles war auf einmal sehr still und

sie fühlte sich seltsam schwebend und leicht. Es war zu schön, um wahr zu sein.

„Ist es schon Nacht?", fragte Olli. „Ich kann draußen Sterne sehen."

„Wir sind ja auch im Weltraum", sagte Roshni jubelnd. „Die *Kolumbus* hat sich in ein Raumschiff verwandelt!"

Kapitel 2
GEFAHR VORAUS

Mit einem fröhlichen Piepen leuchtete ein Schild mit der Aufschrift SICHERHEITSGURTE LÖSEN auf. Roshni und Olli sahen sich begeistert an und schnallten sich ab.

„Komm, wir schauen uns um“, schlug Roshni vor.

„Woah!“, rief Olli. „Was geht? Ich fliege ja!“

Tatsächlich: Langsam erhob er sich in die Luft und sein Sicherheitsgurt wehte unter ihm wie eine Fahne im Wind.

Roshni kicherte. „Du fliegst nicht, du schwebst!“

Sie stieß sich mit den Händen ab und stieg sofort nach oben. Das war seltsam, aber auch sehr lustig.

Olli ruderte grinsend mit Armen und Beinen. „Das ist toll!“

„Hier oben gibt es kaum Schwerkraft“, erklärte Roshni. „Auf der Erde ist sie stark und zieht alles nach unten. Deshalb schweben wir dort nicht davon.“

„Das hier macht voll Spaß", sagte Olli. „Schau mal, ich schlage ein Rad." Er wirbelte durch die Kabine.

Roshni übertrumpfte ihn mit einem dreifachen Salto vorwärts.

„Vorsicht!", warnte ihr Freund, als sie an ihm vorbeikugelte.

KRACH!

Roshni prallte gegen die Kabinenwand und riss eine Rolle Kabel herunter. Zum Glück hatte sie sich aber dank der speziellen Polsterung im Inneren der *Kolumbus* nicht wehgetan. Sie konnten nach Herzenslust herumtoben!

Je länger sie umherschwebten, umso mehr gewöhnten sie sich an das schwerelose Gefühl. Wie praktisch, dass es in der *Kolumbus* einige hilfreiche Haltegriffe gab, die sie sogar beleuchtete.

„Und wo sind wir jetzt?“, fragte Olli.

„Im Weltraum!“

„Klar. Aber wo im Weltraum? Mars? Venus? Mond?“

„Finden wir es heraus.“ Roshni zog sich an einem Haltegriff zum Fenster.

Dann schnappte sie nach Luft. Vor sich sah sie einen riesigen Planeten mit orange-roten Streifen und schwachen Ringen. „Jupiter“, hauchte sie.

Durch Roshnis Teleskop war der Planet nur so groß wie ihr Daumennagel erschienen. Jetzt war er so gigantisch, dass sie ihn nicht mal ganz sehen konnte.

Olli pfiff beeindruckt. „Der ist ja riesig! Ich wette, er ist mindestens zehnmal so groß wie die Erde."

„Eher 1300-mal. Er ist der größte Planet im Sonnensystem." Roshni packte Ollis Arm. „Schau! Da ist der Große Rote Fleck!"

Aus dieser Entfernung war der gewaltige Sturm leicht zu erkennen. *Jetzt ist es nicht mehr so schlimm, dass ich ihn vorher nicht sehen konnte,* dachte sie lächelnd.

„Wow!", rief Olli beeindruckt. „Was für ein riesiger Strudel!"

Auch kleinere Flecke drehten sich über Jupiter. Roshni zeigte sie Olli. „Das sind Stürme, wie wir sie von der Erde kennen, aber eben auf der Oberfläche des Jupiters", erklärte sie. „Der Große Rote Fleck ist ein Sturm, der schon seit Jahrhunderten tobt." Sie zeigte auf ein winziges, leuchtendes Objekt. „Jupiter hat auch Monde wie die Erde."

Olli sah skeptisch aus. „Monde? Also mehr als einen?"

Roshni grinste und zeigte ihm noch mehr Objekte. „Das dort ist ein Mond, und dort ist noch einer."

„Ernsthaft? Wie viele Monde hat Jupiter denn?"

„Ach, mehr als siebzig", sagte Roshni beiläufig.

Olli starrte sie an. „Siebzig?"

„Ja“, sagte Roshni. „Und dazu kommen natürlich noch die Ringe.“

„Moment!“ Olli spähte durch das Fenster. „Ich dachte, nur der Saturn hat Ringe.“

„Schau genau hin“, sagte Roshni.

Tatsache: Jupiter war von geisterhaften Ringen umgeben. Sie waren nur schwer zu erkennen.

„Sie sehen ein bisschen so aus wie Licht, das durch Staub scheint“, fand Olli.

„Das stimmt auch“, sagte Roshni. „Die Ringe bestehen aus dem Staub von Jupiters Monden.“

Die Aussicht schwankte, als das Raumschiff plötzlich zu schaukeln begann. Die Konsole gab ein **PA-PIIIEEEP** von sich. Roshni und Olli sahen sich an. Das klang verdächtig nach einem „Oh-oh!“

„Irgendetwas stimmt hier nicht“, sagte Roshni.

Die *Kolumbus* gab ein wildes Klimpern von sich, so als würde eine Maus über ein Klavier huschen.

Die zwei Freunde zogen sich an Haltegriffen zum Navigationsdisplay herunter. Ein blinkender roter Punkt raste auf sie zu.

Neugierig tippte Roshni auf das Display und das Bild zoomte heran. Es zeigte einen riesigen Felsbrocken, gut dreimal so groß wie ihr Gefährt.

„Das ist ein Asteroid!", erschrak sie. „Kein Wunder, dass die *Kolumbus* so besorgt piept. Wir müssen uns von dem Ding fernhalten, sonst könnte es den Rumpf durchschlagen!"

Eilig kletterten die beiden in ihre Sitze zurück und schnallten sich an.

Olli schaute Roshni ängstlich an. „Das ist jetzt vielleicht eine dumme Frage,

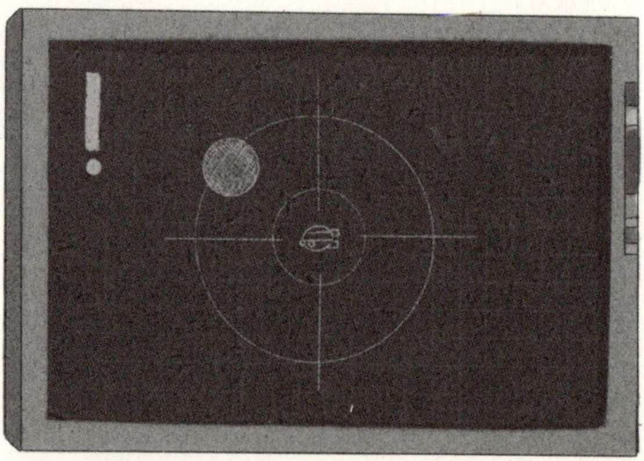

aber ... bist du schon einmal ein Raumschiff geflogen?"

„Nur im Traum", gab Roshni zu.

Sie schaute auf die Armaturen. Mit genügend Zeit hätte sie sicher herausfinden können, wie man das Raumschiff steuerte. Aber sie hatten keine Zeit!

Die *Kolumbus* ließ eine Warnsirene ertönen. Auf der Steuerkonsole blinkten rote Lichter auf. In der Ferne sahen sie den Asteroiden, der sich schnell um sich selbst drehte. Roshni schluckte.

„Wie wär's mit etwas Hilfe, *Kolumbus*?", rief sie.

Plötzlich leuchteten Pfeile vor ihnen auf. Sie wiesen auf die Bedienelemente. Na bitte!

Roshni packte den Steuerknüppel, während Olli die Hebel für die Steuerraketen ergriff. Sie würden das Raumschiff vorantreiben. Mehr Pfeile leuchteten auf. Sie legten Schalter um, drückten Tasten und drehten Steuerräder.

Der Asteroid kam näher und näher ...

„Wir müssen den Bug nach links drehen und die Triebwerke anfeuern", rief Roshni.

„Verstanden", antwortete Olli.

Die *Kolumbus* piepte jetzt noch lauter als zuvor. Fast so, als würden sich ein Krankenwagen und ein Feuerwehrauto ein Wettrennen liefern. Sie war wohl wirklich besorgt.

„Halt durch, *Kolumbus*! Wir tun unser Bestes!" Roshni biss die Zähne zusammen.

Mit dem Steuerknüppel lenkte sie die Nase des Raumschiffs vorsichtig nach links. Das müsste genügen.

Aber zu ihrem Entsetzen drehte sich das Raumschiff weiter. Wenn sie nichts unternahm, würden sie sich nur um sich selbst drehen!

Roshni drückte den Steuerknüppel in die andere Richtung, gerade so weit, dass die *Kolumbus* anhielt.

„Oh nein!", jammerte Olli.

Roshni blickte auf. Der Asteroid war schon so dicht vor ihnen, dass er Jupiter verdeckte.

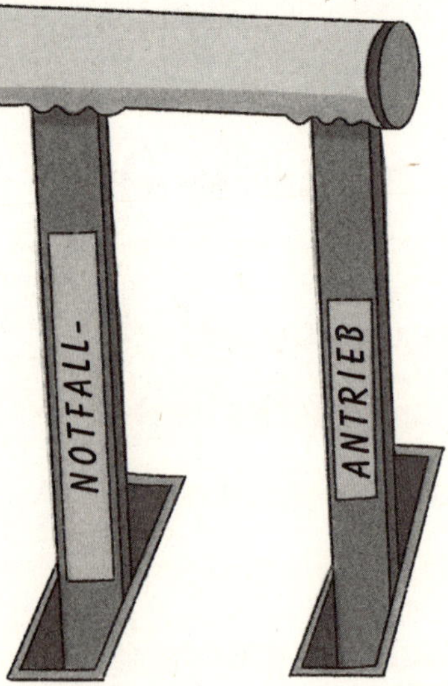

Schnell wie ein Zug raste er auf sie zu.

„Volle Kraft, JETZT!", schrie sie.

Olli zog entschlossen die Hebel der Steuerraketen nach unten. Roshni zog an einem anderen Hebel mit der Aufschrift NOTFALL-ANTRIEB.

Die *Kolumbus* erzitterte, als ihre mächtigen Raketentriebwerke aufheulten. Roshni und Olli wurden in ihren Sitzen nach hinten gedrückt.

Der Asteroid wirbelte so nahe an ihnen vorbei, dass er beinahe das Heckruder abgerissen hätte.

Sie wurden schneller und schneller, und Roshnis Finger krallten sich in den Sitz. Bald war der Asteroid nur noch ein Fleck, der hinter ihnen in der Ferne verschwand.

Die *Kolumbus* gab ein fröhliches **PIEP** von sich. Roshni und Olli jubelten und klatschten sich ab.

„Das war ganz schön knapp", sagte Roshni. „Weltraumstaub zu erforschen ist ja echt toll, aber Weltraumstaub werden möchte ich trotzdem nicht!"

Kapitel 3
WAS PASSIERT HIER?

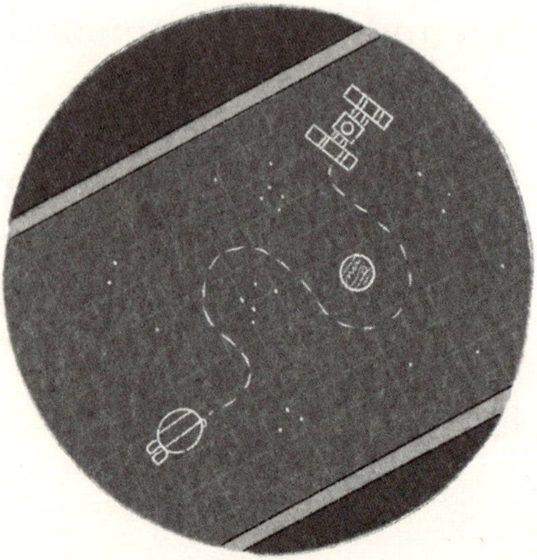

„Zurück zu unserer Mission", sagte Roshni. Schließlich brauchte eine Raumsonde die Hilfe der Forscher-Kids. Sie wussten zwar nicht, welche Art von Hilfe, aber wohl, dass es dringend war.

„Wo ist die Sonde denn jetzt?", fragte Olli.

Roshni schaute ins All hinaus. „Ich sehe sie nicht. *Kolumbus*, kannst du sie suchen?"

Das Raumschiff blieb ein paar Sekunden lang stumm. Lichter gingen an und aus. Dann ertönte ein jubelndes ***TA-DAAA!*** Ein Bild der Sonde erschien auf dem Navigationsdisplay. Daneben standen Anweisungen, wie sie zu finden war.

Roshni richtete die Nase der *Kolumbus* sorgfältig in die angegebene Richtung aus und Olli zündete die Steuerraketen.

Ruhig änderte das Raumschiff seinen Kurs.

„Ein Raumschiff zu steuern ist nicht so leicht, wie es im Kino aussieht“, seufzte Olli.

„Das liegt daran, dass man im Weltall immer weiter in die Richtung fliegt, in die man gestartet ist. Man hält nie wieder an“, erklärte Roshni. „Man kann nicht wie in einem Auto auf die Bremse treten.“

„Wie wird man dann langsamer?“

„Man muss Raketen zünden, die in die Gegenrichtung feuern, damit sich die Bewegungen gegenseitig aufheben.“

„Alles klar.“ Olli wandte sich dem Display zu. „Ich glaube, die Richtung stimmt.“ Neben dem Bild der Sonde wurde angezeigt, dass die Entfernung zu ihr abnahm.

Da erschien etwas Riesiges, Graues und Rundes in der Ferne. *Noch ein Asteroid?*, fragte sich Roshni. *Nein – es ist viel zu groß!*

Sie tippte sanft an den Steuerknüppel, um sicher an dem Objekt vorbei zu steuern. Aus der Nähe erkannte sie Krater auf der Oberfläche.

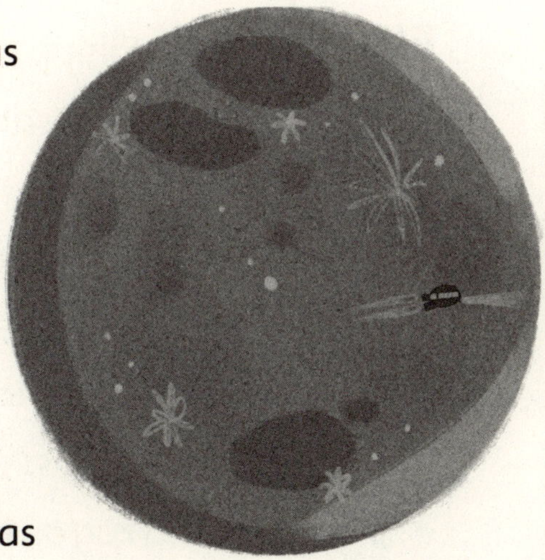

„Hey, das sieht aus wie der Mond!", sagte Olli.

„Es ist auch ein Mond", sagte Roshni begeistert. Sie wusste jetzt, was da vor ihnen war. „Das ist Ganymed, der größte Mond Jupiters."

„Ist er größer als unser Mond?"

„Größer als der Merkur", erklärte Roshni.

„Aber Merkur ist ein Planet!“, sagte Olli staunend. „Wow! An Jupiter ist offenbar alles riesig.“

„Stimmt“, sagte Roshni. „Er hat seinen Namen ja auch vom römischen König der Götter.“

Die *Kolumbus* gab ein drängendes ***PIEP-PIEP-PIEP*** von sich.

Roshni sah, dass sie die Sonde fast erreicht hatten.

„Lass uns bremsen“, sagte sie. „Die *Kolumbus* sollte irgendwo Bremsraketen haben – sie feuern in die Flugrichtung und bremsen das Raumschiff so aus.“

„Hab sie!“ Olli zog an einem Hebel. „Bremsraketen ... gezündet!“ Die *Kolumbus* wurde stetig langsamer und hielt dann komplett an.

Vor ihrem Cockpit schwebte glänzend die Sonde im All.

Im Vergleich zum gigantischen Jupiter wirkte sie winzig klein.

Roshni verspürte Ehrfurcht bei dem Gedanken, wie weit die Sonde gereist war. *Sie wurde wahrscheinlich vor zehn Jahren von der Erde losgeschickt*, dachte sie. *So lange dauert es normalerweise, um zum Jupiter zu fliegen.* Und jetzt war etwas schiefgelaufen. Aber was? Nachdenklich betrachtete Roshni die Sonde. Wenn sie nur ihre Bücher über

Weltraumforschung mitgebracht hätte. Die Bilder darin wären jetzt praktisch gewesen ...

„Da sind die Steuerraketen", murmelte sie. „Und dort der Stromgenerator ... und die Kamera. Sieht alles gut aus. Aber nein! Sieh nur: Die Antenne ist weg!"

„Die was?", fragte Olli.

„Die Antenne. Raumsonden sammeln ja Informationen", erklärte Roshni. „Aber um sie zur Erde senden zu können, brauchen sie eine Antenne."

Olli nickte. „Damit Wissenschaftler sie auswerten können. Hey, was ist das?"

Auf der Steuerkonsole flackerten leuchtend rote Zahlen. Ein Countdown zählte die Zeit herunter.

„Es sieht so aus, als hätten wir knapp zwei Stunden, bevor etwas passiert." Roshni runzelte die Stirn. „Aber was?"

„Eine Warnung wegen des Asteroiden kann es nicht sein. Dem sind wir ja schon ausgewichen", sagte Olli. „*Kolumbus*, was zeigt dieser Countdown an?"

Aber die *Kolumbus* piepte nur laut.

„Sie klingt ziemlich ungeduldig", sagte Roshni. „Glaubst du, der Countdown hat etwas mit der Sonde zu tun?"

„Keine Ahnung", sagte Olli achselzuckend „Und ich glaube nicht, dass wir das allein herausfinden werden."

„Meinst du ..."

Olli nickte.

„Rufen wir die Zentrale an!", sagten beide gleichzeitig. Roshni setzte sich ans Kommunikationsmodul. „*Kolumbus* ruft die Forscher-Kids! Hört ihr? Hier ist Roshni. Wir brauchen Hilfe!"

Eine Sekunde lang herrschte Stille. Roshni biss sich in die Fingerknöchel. Würden sie ihre Freunde auf der Erde rechtzeitig erreichen, um die Sonde zu reparieren, bevor die Zeit abgelaufen war?

Eine abgehackte Stimme ertönte aus den Lautsprechern. „Lea hier! Leg los, Roshni. Was ist das Problem?" Auf der Konsole flackerte ein Bildschirm. Dann erschien ein

Bild der Zentrale. Alle Forscher-Kids hatten sich um Leas Computer versammelt und hörten aufmerksam zu, als Roshni die Sachlage erklärte.

„Okay, beeilt euch!“, sagte Connor. „Sucht, wo ihr könnt. Webseiten, Archive, was immer es gibt. Roshni und Olli zählen auf uns!“

Die Kinder in der Zentrale eilten zu den anderen Bildschirmen. Roshni und Olli beobachteten ihre Freunde gespannt, wie sie auf Tastaturen tippten und nach Informationen suchten.

Nach wenigen Minuten schaltete Cheng sein Mikrofon ein. „Könnt ihr mich hören?"

„Wir hören dich, Cheng", antwortete Roshni.

„Die Sonde heißt *Odin*. Sie soll den Aufprall eines Kometen auf Jupiter beobachten. Der Countdown sagt euch, wie viel Zeit euch bleibt, bis der Komet einschlägt. Wenn

ihr sie davor nicht repariert ..."

„... sendet die Sonde die Daten nicht", sagte Roshni. „Und die Arbeit der

Wissenschaftler, die sie ins All geschickt haben, war umsonst!"

Cheng nickte. „Viel Glück."

„Ihr schafft das!", fügte Kiki hinzu.

„Danke für eure Hilfe, Leute", sagte Olli. „*Kolumbus* Ende." Er schaltete das Funkradio aus.

„Wir dürfen keine Zeit verlieren", rief Roshni. „Uns bleiben nur zwei Stunden!" Hektisch drückte sie Schalter und Knöpfe. „Die Antenne fehlt und der Komet kommt und wir müssen die Ronde separieren ... äh, die Sonde reparieren ..."

„Ganz langsam“, sagte Olli. „Atme tief durch und stell dir vor, du wärst in einem schönen Regenwald. Das hilft mir immer.“

Roshni schloss die Augen. Sie stellte sich hohe Bäume vor und fühlte sich gleich viel ruhiger. Sie öffnete die Augen wieder. „Danke, Olli!“ An den Navigationsbildschirm gewandt sagte sie: „*Kolumbus*, kannst du die fehlende Antenne suchen?“

Die *Kolumbus* piepte eine fröhliche Melodie, während ihr Scanner sich hin und her drehte. **PLING!** Die Antenne erschien auf dem Bildschirm.

Roshni tätschelte die Konsole. „Gute Arbeit, *Kolumbus*." Durch das Fenster war ein ferner Mond zu erkennen. Seine Oberfläche war weiß mit rotbraunen Streifen. „Sieht aus, als wäre die Antenne in der Umlaufbahn von Europa."

„Sie ist in Europa? Auf der Erde?“

„Nicht auf dem Kontinent Europa! Ich meine den Jupitermond Europa.“ Roshni zeigte hinaus ins All. „Er ist fast so groß wie Ganymed.“

Roshni und Olli nahmen Kurs auf Europa. Ihr kleines Raumschiff raste auf den Mond zu, doch der Countdown zeigte nur

noch eineinhalb Stunden an. Roshni lief es eiskalt den Rücken hinunter. *Wir müssen uns die Antenne schnappen und sie an der* Odin-*Sonde befestigen*, dachte sie. *Schaffen wir das wirklich in so kurzer Zeit?*

Kapitel 4
EIN KLEINER SCHRITT ...

Europa wurde immer größer, je näher die *Kolumbus* ihm kam. In der endlosen Dunkelheit des Weltraums sah er aus wie ein eisiger Fußball. Roshni zündete die Bremsraketen und sie begannen, langsam den riesigen Mond zu umkreisen.

Olli blickte auf Europas schroffe Oberfläche hinab. „Also, meinen Urlaub würde ich nicht gern dort verbringen. Der Mond sieht total vereist aus", sagte er.

„Das ist er auch", sagte Roshni. „Aber nur an der Oberfläche. Unter dem Eis gibt es Salzwasser-Ozeane."

Olli sah sie erstaunt an. „Wie auf der Erde?"

Roshni nickte. „Ja! Man glaubt sogar, dass es in ihnen Leben geben könnte."

Olli riss den Mund auf. „Meinst du … Außerirdische?"

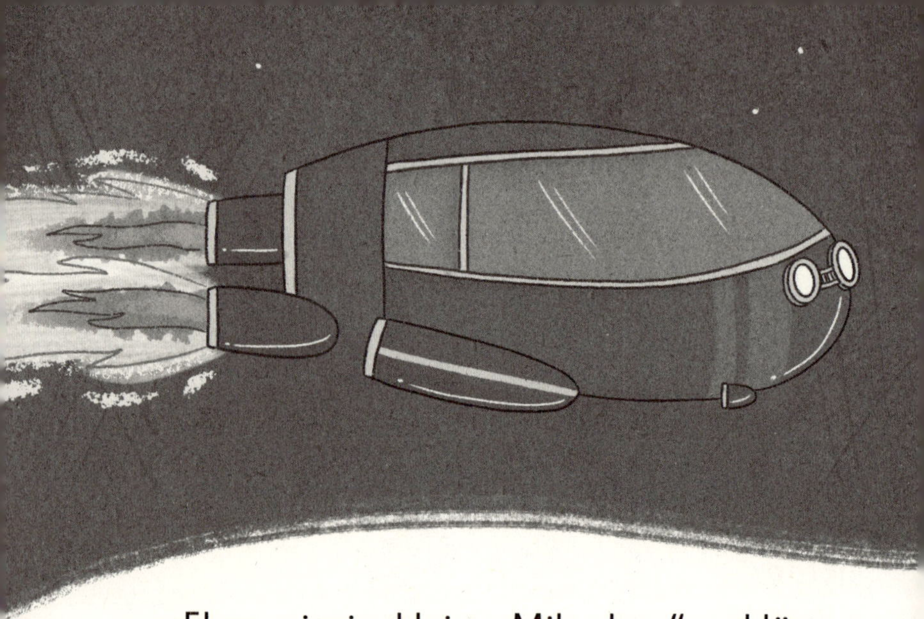

„Eher winzig kleine Mikroben", erklärte Roshni. „Ohne Mikroskop kann man sie nicht sehen. Aber ja – vielleicht fliegen wir gerade über außerirdisches Leben!" Sie bekam Gänsehaut, wenn sie nur daran dachte.

„Cool!" Olli entdeckte etwas, das er sich genauer anschauen wollte. „Was ist das für ein Ding? Haben das die Aliens gebaut?"

Roshni sah es auch. Eine Art Regenschirm aus Metall. Sie setzte sich kerzengerade auf. „Das ist die Antenne der *Odin*-Sonde! Los, wir müssen sie bergen!"

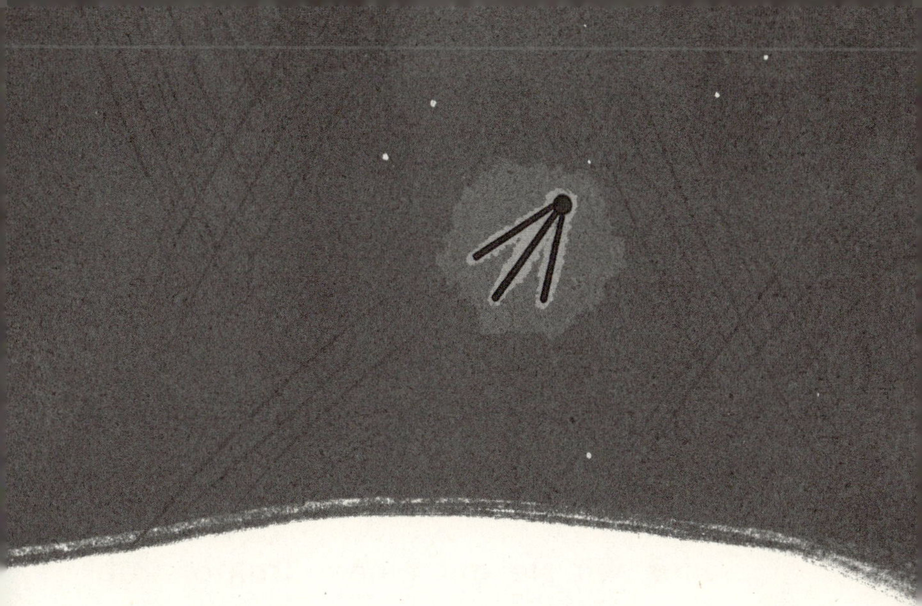

So schnell wie möglich flogen sie die *Kolumbus* ganz nah an die Antenne. Sie hatten sich inzwischen gut an die Steuerung gewöhnt.

Die Antenne trieb hoch über Europa durch den Weltraum. Roshni hätte am liebsten ein Fenster geöffnet und sie sich geschnappt, aber das war in einem Raumschiff nicht möglich. Die ganze Luft würde entweichen. Vor ihnen lag keine leichte Aufgabe.

„Wie sollen wir sie einfangen?", fragte Olli.

Die *Kolumbus* piepte eindringlich und schüttelte die Kinder in ihren Sitzen durch.

„Was meinst du, *Kolumbus*? Sollen wir einen Roboterarm verwenden?", rief Roshni.

BRÖÖÖÖP!, verneinte ihr Raumschiff ungeduldig.

„Sollen wir sie mit einem Traktorstrahl zu uns ziehen?", fragte Olli. Auf dem Armaturenbrett blitzte ein großes rotes X auf, und wieder war ein Geräusch zu hören, das an ein Computerspiel erinnerte – wenn man verloren hatte. So ging es weiter.

Was das Team auch vorschlug, die *Kolumbus* wurde immer ungeduldiger. Weder die Harpune oder der Riesenmagnet noch der Kaugummiklumpen an einer Schnur fand ihre Zustimmung. Roshni gingen die Ideen aus – und die Antenne sank langsam in Richtung Europa.

Wenn sie sie nicht rechtzeitig bargen, würde sie in Stücke brechen. Roshni sah sich im Cockpit um. Hatten sie etwas übersehen?

Auf der rechten Seite entdeckte sie eine Tür, die ihr vorher nicht aufgefallen war. Daneben war ein Knopf. Roshni drückte ihn und die Tür glitt auf. Ein kleiner Raum in der Größe eines Schranks kam zum Vorschein. Darin hingen zwei weiße Raumanzüge mit kugeligen Helmen.

„Wow", rief sie.

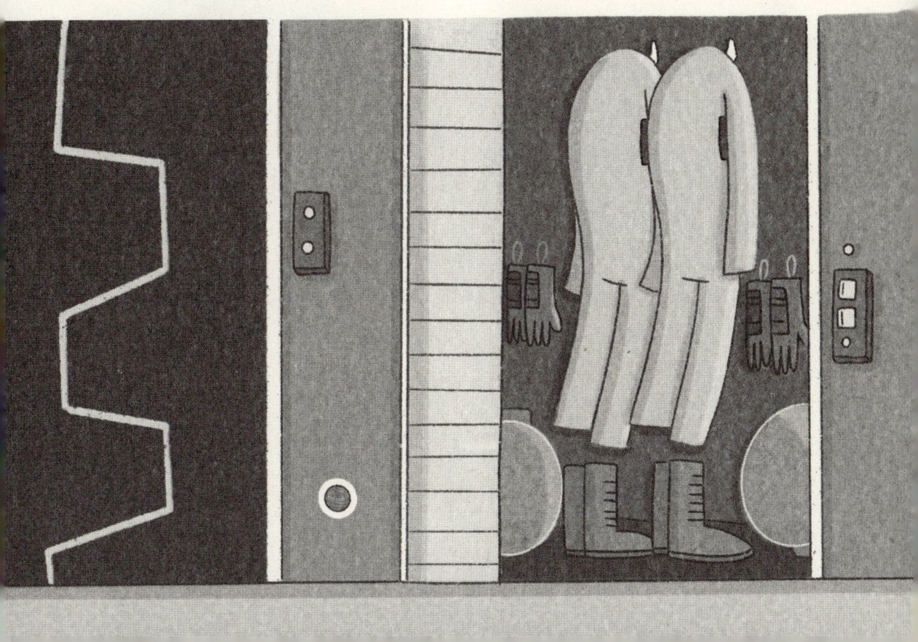

Die *Kolumbus* gab einen erleichterten Piepton von sich. Er klang sehr wie: „Na endlich."

Die Kinder sahen sich an. Sie dachten wohl beide dasselbe: Einer von ihnen musste im Raumschiff bleiben und der andere einen Raumanzug anziehen und sich in den Weltraum begeben. Das war gefährlich, aber auch ihre einzige Chance.

„Ich mache es", sagten beide gleichzeitig.

Olli schwieg einen Moment lang. Dann sagte er: „Ehrlich gesagt solltest du gehen. Du bist die Weltraum-Expertin."

Roshni lächelte. „Danke!"

Sie stieg in den glänzenden Raumanzug. Die *Kolumbus* ließ auf dem Display die Aufschrift SICHERHEITSHINWEISE aufleuchten. Olli las sie durch und sorgte dafür, dass Roshnis Anzug richtig vorbereitet war.

Roshni setzte ihren Helm auf und Olli überprüfte, ob er vollständig versiegelt war. Selbst die kleinste Lücke oder das kleinste Loch würde dazu führen, dass Roshni keinen frischen Sauerstoff bekam.

Dabei war sie jetzt schon außer Atem vor Aufregung. Sie konnte kaum glauben, dass sie nicht träumte. Gleich würde sie einen Weltraumspaziergang machen!

„Das ist deine Sicherheitsleine, okay?“, Olli hielt ein langes Kabel hoch. Ein Ende war sicher an der Mitte von Roshnis Raumanzug befestigt, das andere endete in einem Karabiner. „Sorg dafür, dass das Kabel immer eingehakt ist. Dann kann ich dich zurück in die *Kolumbus* ziehen, falls etwas schiefgeht.“

„Alles klar!“, sagte Roshni.

Die Luftschleuse des Raumschiffs befand sich hinter den Sitzen. Es war eine Kammer mit einer inneren und einer äußeren Tür. Es ließ sich immer nur eine Seite auf einmal öffnen. So konnte keine Luft aus dem Raumschiff entweichen.

Roshni zog am Hebel und die Innentür öffnete sich mit einem Zischen. Sie trat in die enge Kammer und schloss die Innentür hinter sich.

Dann befestigte sie als Erstes ihre Sicherheitsleine am Ankerpunkt in der Luftschleuse. Selbst wenn sie das Schiff loslassen musste, würde sie über das Halteseil immer sicher mit der *Kolumbus* verbunden bleiben.

„Los geht's", flüsterte sie. Sie erinnerte sich an das, was der Astronaut Neil Armstrong gesagt hatte, als er als erster Mensch den Mond betrat: *Ein kleiner Schritt für einen Menschen, aber ein gewaltiger Sprung für die Menschheit* ... Roshni bekam eine Gänsehaut.

Sie zog am zweiten Hebel. Luft strömte aus der Luftschleuse und die Außentüren öffneten sich.

Vor ihr lag die endlose Weite des Sternenhimmels. Einen Moment lang blieb sie nur stehen und betrachtete ihn staunend.

Aber die Uhr tickte. Es war Zeit, mit der Mission fortzufahren.

„Ein kleiner Schritt für ein Mädchen", murmelte Roshni, „aber ein gewaltiger Sprung für die Forscher-Kids ..." Vorsichtig verließ sie die Luftschleuse und hangelte sich wie an einem Klettergerüst außen am Schiff entlang. Es war schwieriger als erwartet, sich fortzubewegen. Das Problem bei so wenig Schwerkraft war, dass es kein Oben gab!

Die Antenne trieb nur wenige Meter über der *Kolumbus* im Weltraum. Roshni arbeitete sich langsam zu ihr vor.

Sie hatte noch nie in ihrem Leben etwas so Spektakuläres gesehen: Unter ihr befand sich die gefrorene, gestreifte Oberfläche von Europa und in weiter Ferne leuchtete ein Punkt. Roshni wusste, dass das der Saturn war, der zweitgrößte Planet im Sonnensystem.

Jetzt war das Cockpit unter ihr. Sie konnte Ollis ängstliches Gesicht sehen, der zu ihr aufsah.

Nachdem sie vorsichtig weiter über die Außenhülle der *Kolumbus* geklettert war, schwebte die Antenne direkt vor ihr. Roshni klammerte sich mit einer Hand ans Raumschiff. Die andere reckte sie nach oben, doch die Antenne war knapp außer Reichweite. Sie versuchte es noch einmal und hoffte, ein Ende greifen zu können, aber sie bekam sie nicht zu fassen.

Es nützte alles nichts. Wenn sie die *Kolumbus* nicht losließ, würde sie die Antenne nie erreichen.

Roshni holte tief Luft. Sie legte die Hände hinter sich an die Außenwand des

Raumschiffs und drückte sich ab wie vom Rand eines Schwimmbeckens. Sie glitt in Richtung der Antenne. Die Sicherheitsleine rollte sich ab.

Fast geschafft, nur noch ein bisschen ...

Roshni streckte beide Hände nach der Antenne aus – und packte sie!

Kapitel 5
SCHWERKRAFTSCHLEUDER

Roshni drückte die Antenne fest an sich. Sie war exakt so lang wie ihr Arm. Aus der Nähe sah sie noch mehr wie ein Regenschirm aus.

Durch das Cockpitfenster reckte Olli freudig den Daumen hoch. Roshni erwiderte die Geste.

„Jetzt gibt es nur noch ein Problem“, sagte sie zu sich selbst. „Ich hab nur eine

Hand frei! Wie komme ich zurück in die *Kolumbus?*"

Einen Moment später beantwortete sich ihre Frage wie von selbst: Ihre Sicherheitsleine begann, sich wieder einzuziehen. Olli musste den Rückholknopf gedrückt haben! Roshni atmete auf und ließ sich wie ein Fisch an der Angel zum Raumschiff ziehen.

Rasch passierte sie die äußere Luftschleusentür und verriegelte sie. Sofort begann sich die Kammer wieder mit Luft zu füllen. Nun konnte Roshni die Sicherheitsleine von der Verankerung lösen.

Die Innentür glitt auf. Dort stand schon Olli bereit. Er umarmte seine Freundin. „Du hast einen Weltraumspaziergang gemacht!“, rief er. „Das ist so unglaublich cool!“

„Ich weiß", sagte Roshni glücklich. Sie legte die Antenne zur Seite, um ihren Arm auch um Olli legen zu können. „Das werde ich mein Leben lang nicht mehr vergessen."

Im Hintergrund gluckerte die *Kolumbus* fröhlich und blies eine kleine Trompetenfanfare.

„Wir sollten schnell zur Sonde zurückfliegen und sie reparieren", sagte Roshni. „Wir haben nur noch eine halbe Stunde, bis der Komet mit Jupiter zusammenstößt."

Sie kehrten ans Steuer zurück, setzten den Kurs und zündeten die Triebwerke. Hoffentlich erreichten sie die *Odin* noch rechtzeitig!

Durch das Fenster sahen sie eine Gruppe leuchtender Objekte in der Ferne. Sie rasten auf den Planeten zu und zogen Nebelschweife hinter sich her.

„Das ist der Komet!“, sagte Roshni.

„Aber er ist total zerbrochen“, sagte Olli besorgt. „Sind wir zu spät dran?“

„Nein“, erklärte Roshni ganz aufgeregt. „Kometen brechen auseinander, wenn sie sich einem Planeten nähern. Seine Schwerkraft reißt sie buchstäblich in Stücke. Dieser hier muss auf dem Weg zum Jupiter geborsten sein.“ Sie überprüfte die Entfernungsanzeige. Sie waren immer noch nicht in der Nähe der Sonde. Aber ihnen blieben nur noch zwanzig Minuten! „Kannst du noch schneller fliegen, *Kolumbus*?“, fragte Roshni.

Ihr Raumschiff gab einen traurigen Piepton von sich. Olli tätschelte die Konsole. „Ist schon okay. Wir wissen, dass du dein Bestes gibst."

Roshni dachte angestrengt nach. Sie mussten schneller werden. Aber wie? Sie erinnerte sich an ein Video über die Raumfahrt, das sie mit ihrem Vater im Internet angesehen hatte. War da nicht etwas gewesen, das „Schwerkraftbeschleuniger" hieß ...

„Das ist es!", rief sie. „Wir machen eine Schwerkraftschleuder!"

„Klingt cool. Aber was genau ist das?"

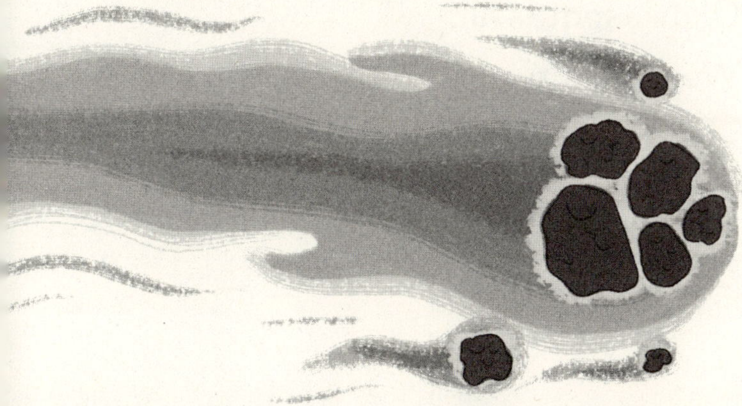

„Eine Schwerkraftschleuder erreicht man, indem man absichtlich in die Umlaufbahn eines Planeten oder eines Monds fliegt. Man wird automatisch viel schneller“, sagte Roshni. „Das macht man mit Raumsonden, um Treibstoff zu sparen.“

Olli runzelte die Stirn. „Verstehe ich nicht. Bremst es uns nicht aus, wenn wir in die Schwerkraft eines Planeten geraten?“

Roshni grübelte. Wie sollte sie es erklären? „Okay. Stell dir vor, wir sind auf einem Rummelplatz. Ich sause auf meinen Rollschuhen herum und du drehst dich auf einem großen Karussell im Kreis.“

„Okay“, sagte Olli.

„Wenn ich zu dir skate und du meine Hand eine Sekunde lang festhältst und dann wieder loslässt, was passiert dann?“ Erwartungsvoll sah sie ihn an.

„Ich ziehe dich ein bisschen mit und dann saust du ganz schnell in eine neue Richtung!", rief Olli. „Ich hab's kapiert! Ich bin der Planet, der die Sonne umkreist, und wenn ich deine Hand ergreife, ist das, als würde dich die Schwerkraft zu mir ziehen."

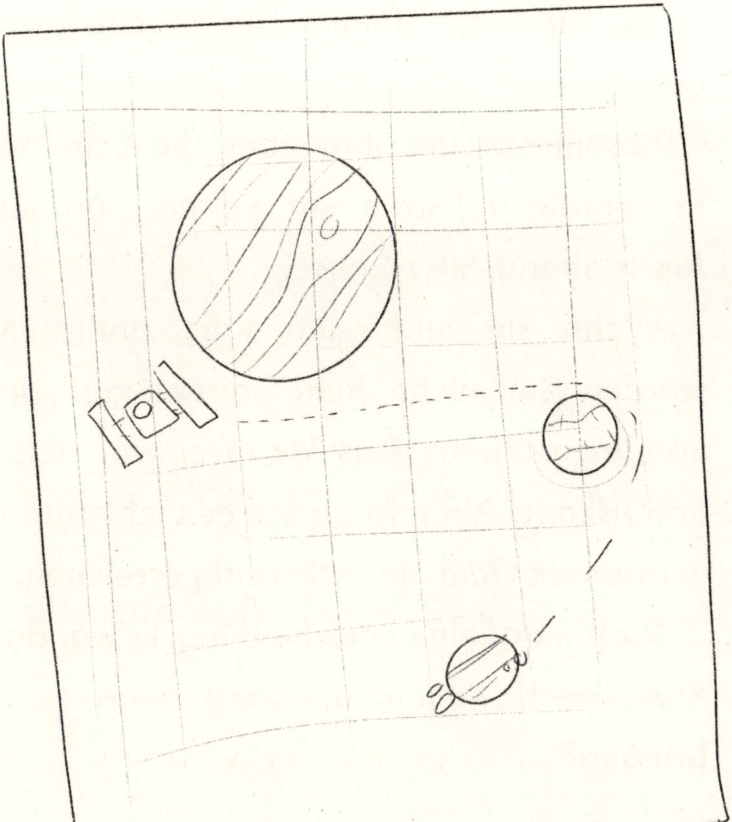

„Genau! So beschleunigt ein Planet auch eine Raumsonde."

Olli beugte sich über den Navigationsbildschirm. „Also müssen wir nur etwas in Jupiters Umlaufbahn finden, mit dem wir mitfahren können." Er zeigte nach draußen. „Hey, wie wär's damit? Das müsste groß genug sein."

Roshni schaute ihm über die Schulter. Er deutete auf Io, einen weiteren großen Jupitermond. Sie zögerte.

Wenn sie jetzt den Kurs änderten, würden sie nicht mehr direkt auf die Sonde zusteuern. Das Manöver war ziemlich riskant. Aber wenn sie es nicht taten, würden sie *Odin* nie rechtzeitig erreichen.

Roshni traf eine Entscheidung. Es war das Risiko wert. „*Kolumbus*, kannst du uns zu Io bringen?"

Die *Kolumbus* gab einen fröhlichen Piepton von sich, der wie ein „Okidoki!" klang.

Die Steuerdüsen feuerten los und das Raumschiff änderte ruckartig die Richtung.

lo wurde mit jeder Sekunde größer. Roshni umklammerte den Steuerknüppel fester. Sie mussten lange genug von der Schwerkraft des Monds festgehalten werden, damit sie in dem Moment, wo sie sich wieder lösten, schnell genug waren und die Sonde erreichen konnten.

„Wir müssen das zeitlich genau abstimmen“, sagte sie konzentriert. „Zu früh und wir schießen einfach vorbei. Zu spät und die Sonde darf uns beim Absturz zuschauen …“

Die *Kolumbus* schnatterte nervös. Olli hielt sich bereit, seine Hand lag auf der Triebwerkssteuerung. Das Raumschiff zitterte und vibrierte, als die Triebwerke zu donnern begannen.

Roshnis Mund war wie ausgetrocknet. Sie steuerte

die *Kolumbus* so nah an Io heran, wie sie sich traute. „Gleich ... gleich ... so, jetzt! Wir treten in den Orbit ein."

Ios Schwerkraft erfasste das kleine Raumschiff. Die Oberfläche des Jupiter-Monds sauste rasend schnell an ihnen vorbei.

Auf dem Armaturenbrett begann das Tachometer immer höher zu steigen, über die Anzeige hinaus und noch weiter.

„Hau rein, Olli“, schrie Roshni.

Olli zündete die Triebwerke. Die *Kolumbus* löste sich von los Schwerkraft und schoss davon.

Sie rasten mit unvorstellbarer Geschwindigkeit durch den Weltraum. Auf dem Tacho blinkte es: FEHLER! Die *Kolumbus* quietschte vor Freude.

Roshni hielt den Steuerknüppel eisern fest. Die Zeit war fast abgelaufen. Wenn sie die Sonde nicht bald erreichten, wäre sie verloren und die Arbeit der Forscher umsonst. Eine zweite Chance gab es nicht ...

Kapitel 6
WETTLAUF GEGEN DIE ZEIT

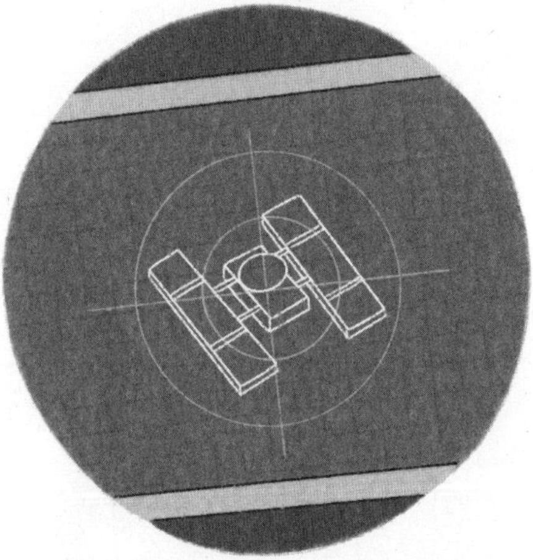

Da erschien endlich die Sonde auf dem Scanner. Roshni verfolgte sie nervös mit den Augen, während sie auf sie zurasten. Vielleicht konnten sie es schaffen ... aber die Zeit war extrem knapp!

Die *Kolumbus* piepte eine kleine Melodie.

Olli hatte die Augen weit aufgerissen.

„Die Schwerkraftschleuder hat uns ein bisschen zu sehr beschleunigt. Wir fliegen zu schnell!“

„*Kolumbus*, wir müssen bremsen“, rief Roshni.

Die *Kolumbus* heulte auf. Offensichtlich wollte sie nicht bremsen. Sie hatte zu großen Spaß!

„Ich weiß, dass das toll ist, aber denk an die Mission!“, warnte Roshni.

Enttäuscht zündete das Raumschiff die Bremsraketen. Der Tacho hörte mit dem chaotischen Blinken auf und zeigte Zahlen an. Allmählich wurden sie langsamer und blieben dann direkt neben der Sonde stehen.

Olli sah auf die Uhr.

„Noch fünfzehn Minuten. Kannst du die Sonde so schnell reparieren?“

„Wenn ich mich beeile“, erwiderte Roshni. Sie stülpte bereits wieder ihren Helm über. „Wünsch mir Glück!“

Olli holte einen Werkzeugkasten aus einem Staufach. Roshni klemmte ihn sich unter den Arm und nahm die Antenne in die Hand. Die rechte Hand ließ sie frei, um sich an der *Kolumbus* festzuhalten.

Sie stand in der Luftschleuse und schloss die Innentüren. Als sie nach dem Schalter für die Außentüren griff, fiel ihr die Sicherheitsleine wieder ein!

Das war knapp, dachte sie, als sie sorgfältig den Karabiner einhakte.

„Alles okay bei dir?", hörte sie Ollis Stimme in ihrem Helmlautsprecher. „Echt cool: Die Sicherheitsleine dient auch als Kommunikationskabel."

Dass sie während ihres Außenbordeinsatzes mit Olli in Kontakt bleiben konnte, gab Roshni zusätzliches Selbstvertrauen.

Sie öffnete die Außentüren. Die Sonde schwebte nur ein paar Meter weit entfernt im All. Vielleicht würde das einfacher werden, als sie zu hoffen gewagt hatte.

Roshni hielt die Antenne und den Werkzeugkasten fest und stieß sich von der *Kolumbus* ab.

Jetzt war die Sonde in unmittelbarer Nähe. Roshni ergriff eine stabil aussehende Strebe. Als sie sich sicher fühlte, steckte sie die Antenne an ihren Platz.

Sie konnte genau sehen, was passiert war. Die Antenne gehörte in eine bestimmte Halterung und diese war total verbogen. Ein Meteor musste sie dort getroffen haben. Roshni musste sie austauschen. Zum Glück fand sich im Werkzeugkasten das richtige Ersatzteil.

„Du sorgst immer dafür, dass wir alles haben, was wir brauchen, *Kolumbus*", murmelte sie liebevoll.

Olli beobachtete sie durchs Fenster. Er war so nervös wie eine Katze bei Gewitter. „Zehn Minuten", warnte er.

Roshni konzentrierte sich so stark wie noch nie zuvor. Sie nahm eine Schraubzange aus dem Kasten und löste die Bolzen der kaputten Antennenhalterung.

Sie war sogar gebrochen – kein Wunder, dass die Antenne davongeschwebt war. Ohne Bolzen begann auch die Halterung abzutreiben. Roshni ergriff sie und legte sie in den Werkzeugkasten. *Bloß keinen Müll hinterlassen*, dachte sie.

Als Nächstes setzte sie die neue Halterung ein.

„Acht Minuten", sagte Olli.

Der nächste Schritt war am kniffligsten. Sie steckte die Antenne in die neue Halterung und achtete darauf, dass der Winkel exakt stimmte. Wenn die Antenne in die falsche Richtung zeigte, würden die Signale nicht auf der Erde ankommen und die Daten wären verloren.

Roshni zog die Schrauben fest, bis alles sicher saß. „Fertig“, keuchte sie. Sie wandte sich zum Cockpitfenster um und erwartete, Ollis lächelndes Gesicht zu sehen. Aber er lächelte nicht. Sein Gesicht war eine Maske des Schreckens. Er hatte die Hände so fest gegen die Scheibe gedrückt, dass sie ganz weiß waren.

„Roshni, komm zurück zum Schiff! Jetzt!“, schrie er gellend.

Sie starrte ihn verwirrt an. Was war denn los?

Dann bemerkte sie, dass auch die *Kolumbus* panisch kreischte. *Was macht ihnen denn solche Angst?*

Roshni schaute sich um – und da hatte sie ihre Antwort.

Auf seinem Sturzflug Richtung Jupiter warf der zerborstene Komet Geröll und Schutt ab. Zahllose eisige Brocken wirbelten auf sie zu! Ihre scharfen Kanten blitzten im Licht der *Kolumbus* wie Feuersteine.

„Ich ziehe dich rein“, sagte Olli entschlossen und drückte den Rückholknopf.

Roshni spürte den beruhigenden Zug der Sicherheitsleine, der sie zum Raumschiff zurückbrachte. Wachsam behielt sie das Geröll im Blick, das auf sie zuraste. Doch sie befahl sich, nicht in Panik zu geraten.

Der erste Splitter prallte von ihrem Helm ab. Weitere schossen an ihr vorbei.

Roshni versuchte, ruhig zu bleiben und gleichmäßig zu atmen. Gleich würde sie wieder in der sicheren Luftschleuse stehen ...

„Bist du okay?“, fragte Olli. „Roshni, rede mit –“ Seine Stimme brach ab.

Roshni trieb auf die Luftschleuse zu … und an ihr vorbei.

„Olli, zieh mich rein!“, schrie sie. „Was ist los? Hörst du mich? Olli!“

Warum antwortet er nicht?

Roshni sah an sich hinunter und pures Entsetzen überkam sie. Die Sicherheitsleine war zerschnitten. Ein rasiermesserscharfes Kometenteil musste sie durchtrennt haben. Ihr Mund wurde staubtrocken.

Jetzt driftete sie langsam immer weiter von der *Kolumbus* fort. So war das im Weltraum, das wusste sie. Wenn man sich in eine bestimmte Richtung bewegte, ging das bis in alle Ewigkeit so weiter.

Roshni schluckte. *Und wie komme ich jetzt zur* Kolumbus *zurück?*

Kapitel 7
VERLOREN IM ALL

Roshni drehte sich um sich selbst wie in einem verrückten Karussell, dem sie nicht entfliehen konnte. Die Sterne rasten wirbelnd an ihr vorbei.

„Was auch passiert, bloß keine Panik", sagte sie. Doch das war gar nicht so leicht, wenn ihr Magen Purzelbäume schlug und die *Kolumbus* immer weiter wegdriftete.

Bei jeder Drehung sah sie dieselben Dinge vorbeiziehen: die *Kolumbus*, die *Odin*-Raumsonde, Jupiter und die Bruchstücke des Kometen, die gleich auf ihn einschlagen würden. Roshni war schwindelig. Wenn sie nur irgendwie dieses Karussell anhalten oder sich an etwas festhalten könnte!

Was hatte Olli gesagt? *Stell dir vor, du wärst in einem schönen Regenwald. Atme tief durch* ... Nun, vorhin hatte das ja auch funktioniert.

Sie holte tief Luft und merkte plötzlich, dass sie in noch größerer Gefahr war, als sie bisher angenommen hatte.

Ihre einzige Atemluft war die in den Luftkammern ihres Raumanzugs. Sie wusste nicht einmal, wie viel nach ihrem ersten Weltraumspaziergang noch übrig war. Reichte es für eine Stunde? Oder nur für ein paar Minuten?

„Ich werde nicht in Panik geraten“, flüsterte sie. „Ich bin eine Forscherin. Ich finde irgendwie einen Ausweg …“

Roshni hätte nicht gedacht, dass es noch schlimmer werden könnte, aber das wurde es.

Sie sah, wie sich die Luftschleuse der *Kolumbus* schloss.

Roshni wurde eiskalt. *Jetzt komme ich nie wieder hinein …*

Aber gerade, als sie die Hoffnung aufgeben wollte, öffnete sich die Tür wieder. Darin stand Olli. Er trug den zweiten Raumanzug.

Mit einer Hand winkte er Roshni zu. In der anderen Hand hielt er eine Art langes Seil. *Wo hat er denn das gefunden?*, fragte sich Roshni. Sie hatte kein Seil an Bord der *Kolumbus* gesehen.

Olli schwenkte das Seilende und ließ es dann los. Es waberte durch den Weltraum und trieb auf Roshni zu. Da sie sich weiterhin drehte, verlor sie es aus den Augen.

Als sie wieder zur *Kolumbus* blickte, war das Seil näher gekommen. Beim nächsten Salto war es noch näher. Nach der nächsten Drehung würde sie es fassen können!

Roshni streckte die Hand aus. Da war das Seil, direkt bei ihrem Kopf.

Sie packte es, wickelte es sich um die Taille und band es sicher fest.

„Uff“, seufzte sie.

Olli wich in die Luftschleuse zurück, wo rote Warnlichter blinkten. Er hielt das Seil mit beiden Händen und begann zu ziehen. Langsam, aber sicher, schwebte Roshni zur Luftschleuse zurück.

Als sie ganz drinnen war, drückte Olli den Verriegelungsknopf und die Außentür schloss sich. Die roten Warnlichter leuchteten wieder grün.

Roshni umarmte ihn, was in den großen, klobigen Raumanzügen gar nicht so einfach war. Olli erwiderte die Umarmung, so gut es ging.

Die Innentür öffnete sich und gab den Blick ins Cockpit frei. Auf sämtlichen Bildschirmen tanzten lachende Smileys, und die

Kolumbus fiepte glücklich und aufgeregt wie ein Welpe. Die Forscher-Kids hatten ihre Mission erfolgreich beendet!

Roshni zog ihren Helm aus und holte tief Luft. „Danke, Olli. Das vergesse ich dir nie."

„Schon gut. Das hätte jeder von uns getan.“ Olli lächelte sie an. Die Forscher-Kids konnten sich immer aufeinander verlassen.

Roshni blickte auf ihre Taille, um die immer noch Ollis Seil gebunden war. Jetzt erst erkannte sie, dass es aus ineinander verdrehten Stromkabeln bestand. Olli hatte also kein Seil gefunden, sondern eins gemacht!

„Wie bist du denn auf die Idee gekommen?“ In einem Notfall so einen Einfall zu haben, fand sie mehr als beeindruckend. Sie war froh, ihn dabei zu haben.

„Das habe ich im Regenwald gelernt“, erklärte Olli. „Auf einer Erkundung zwirbelt man Lianen zu festen Seilen zusammen. Gerade eben wäre ein einzelnes Kabel nicht stark genug gewesen. Aber dieser Strang aus vielen miteinander verdrehten Leitungen hat echt gut gehalten."

Roshni grinste. „Siehst du? Die Forscherzentrale sucht für jede Mission die richtigen Experten aus!"

Olli lächelte stolz.

Sie sahen durch das Fenster. Die *Odin* hatte sich gedreht und zeichnete nun auf, wie der Komet auf Jupiter stürzte. Die Gesteinsbrocken rasten auf den gigantischen Planeten zu.

„Wir sind gerade rechtzeitig dran, um den Zusammenprall zu beobachten", sagte Olli.

Kapitel 8

JUPITERS FEUERWERK

Roshni und Olli hatten die besten Plätze für die spektakulärste kosmische Feuerwerksshow, die ein Mensch jemals erleben durfte. Sie schauten atemlos vor Aufregung durch das Fenster des Raumschiffs, während die letzten Sekunden des Countdowns vergingen.

„Drei, zwei, eins … null!", rief Roshni.

Das erste Trümmerteil des Kometen stürzte in Jupiters Atmosphäre und an der Einschlagstelle brach ein riesiger Feuerball aus. Roshni hielt sich die Hand vor die Augen, weil es so blendete. Was für ein fantastischer Anblick!

Enorme Schockwellen breiteten sich über Jupiters Oberfläche aus wie Ringe auf einem See.

„Wieso hören wir nichts?", fragte Olli. „Eine solche Explosion müsste doch ohrenbetäubend sein!"

„Weil Schallwellen Luft brauchen, um sich auszubreiten, und im Weltraum gibt es keine Luft", erklärte Roshni.

Der nächste Brocken stürzte in den tobenden Sturm, gefolgt von einer weiteren gigantischen Explosion.

„Schau dir das an", sagte Olli. „Da bebt der Boden!"

„Jupiter ist gasförmig, nicht fest", sagte Roshni. „Vielleicht ist der Kern fest, aber sicher weiß das niemand. Wir wissen überhaupt noch zu wenig über den Weltraum. Deshalb brauchen wir Sonden wie *Odin* auch so dringend."

Ein weiterer Feuerball breitete sich auf Jupiters Oberfläche aus. Olli pfiff anerkennend.

„Stell dir mal vor, so ein Komet würde die Erde treffen!"

„Genau das ist vor Jahrmillionen passiert", erklärte Roshni. „Na ja, die Wissenschaft weiß nicht genau, ob es ein Asteroid oder Meteorit war. Aber dadurch wurden die Dinosaurier ausgelöscht. Der Aufprall hat den gesamten Planeten erschüttert."

„Echt?"

„Den Krater gibt es noch immer, in Mexiko", sagte Roshni. „Frag Tamiko danach!"

Draußen sammelte die *Odin*-Sonde eifrig Daten. Ihre Kamera zeichnete Bild um Bild

auf und hielt jeden einzelnen Moment des Kometenaufpralls fest.

„Hey *Kolumbus*, kannst du den Sendekanal der Sonde empfangen? Vielleicht können wir mit reinsehen“, sagte Roshni.

PLING-PLONG, zirpte die *Kolumbus*. Es klang wie „Aber klar doch!“

Die Bildschirme vor ihnen füllten sich mit Informationen. Roshni strahlte. Sie konnten sich tatsächlich eine wissenschaftliche

Übertragung live ansehen und genau wie die Wissenschaftler auf der Erde coole Eckdaten in Echtzeit erfahren!

„Wie schnell der Komet beim Aufprall war“, staunte Olli. „Fast 216 000 km/h!“

Auch Roshni war baff. Ein Olympiasprinter erreichte beim 100-Meter-Lauf bis zu 45 km/h. Der Tacho im Auto ihrer Eltern ging immerhin bis 190 km/h. Schallwellen breiteten sich mit rasend schnellen 1235,5 km/h aus. Aber der Komet war mehr als 170-mal schneller als der Schall!

„Kein Wunder, dass die Brocken so explodiert sind“, sagte sie. „Und wie heiß waren diese Feuerbälle?“

Olli tippte gegen den Bildschirm und sah verwirrt aus. „Ich weiß nicht, ob die Sonde richtig funktioniert. Diese Zahlen sind zu unglaublich.“

„Wieso?"

„Da unten war es wohl 23 700 °C heiß!"

„23 700 Grad?" Roshni konnte sich kaum vorstellen, wie heiß das war. Wasser kochte bei 100 °C, aber das war ja mickrig im Vergleich. „*Kolumbus*, kannst du uns ein paar Temperaturen zum Vergleich nennen?"

Die *Kolumbus* holte eine Tabelle auf den Bildschirm. Eisen kochte bei 2862 °C – also war der Aufprall des Kometen etwa neunmal so heiß wie kochendes Eisen.

„Wow", sagte Roshni.

„Was ist mit dem Erdkern?", fragte Olli. „Das ist flüssiges Gestein, also muss es extrem heiß sein."

Erstaunt lasen sie, dass die Temperatur des Erdkerns 6000 °C betrug. Die Kometenexplosion war fast viermal so heiß wie der Kern ihres eigenen Planeten!

„Zum Glück sind wir hier oben in der *Kolumbus* außer Gefahr", sagte Olli. „Wenn wir näher dran wären, hätte uns das Feuer zu Asche verbrannt!"

Ehrfürchtig beobachteten sie, wie die letzten Teile in Jupiters Atmosphäre verglühten.

Roshni betrachtete die Informationen auf dem Bildschirm und lächelte. Die Wissenschaft würde aus den Daten der Sonde viel lernen. Vielleicht würde dieses Wissen den Menschen dabei helfen, in Zukunft zu anderen Planeten zu reisen. Und vielleicht würde sie sogar selbst als erwachsene Astronautin in einem solchen Raumschiff sitzen ...

Die *Kolumbus* piepte. Der große Knopf, auf dem zu Beginn ihres Abenteuers START gestanden hatte, zeigte jetzt das Wort NACH HAUSE.

„Mission erfüllt", sagte Roshni. „Zeit, nach Hause zu fliegen."

Sie schnallten sich an und Roshni drückte den Knopf.

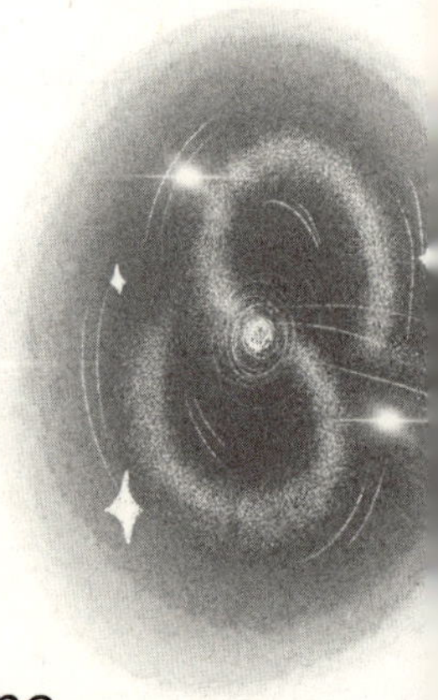

Wieder schoss die *Kolumbus* in einen Tunnel aus weißem Licht, das so grell war, dass Roshni kaum hinsehen konnte. Rasten da Sterne an ihr vorbei und hinterließen Spuren in den Farben des Regenbogens?

Die Anzeigen und Armaturen waren verschwunden. Die *Kolumbus* war wieder ein einfaches Gokart mit alten Plastiksitzen und wackligem Steuerrad. Sie sah aus wie etwas aus einer Gartenhütte, nicht wie ein Raumschiff, das gerade beim Jupiter gewesen war.

Roshni löste ihren Gurt und reckte sich. Sie schaute sich in der vertrauten Forscherzentrale um. Es war schön, sicher und gesund wieder hier zu sein. *Aber ich vermisse den Weltraum schon jetzt*, dachte sie.

Die anderen Forscher-Kids umringten sie sofort. Sie umarmten Roshni und Olli und klatschten sie ab. Alle hatten Dutzende Fragen zu der Mission.

„Hattet ihr Angst?“, fragte Gustavo.

„Wie war der Komet?“, wollte Cheng wissen.

„Habt ihr Außerirdische getroffen?“, fragte Lea.

Roshni dachte an die winzigen Mikroben, die vielleicht unter den gefrorenen Meeren Europas lebten. „Kann sein“, sagte sie.

„Habt ihr etwas für die Vitrine mitgebracht?“, fragte Tamiko.

Roshni stöhnte auf. „Oh nein! Daran habe ich nicht gedacht!“

Aber Olli zog unter dem Lenkrad der *Kolumbus* etwas hervor. „Roshni, ist es das, was ich denke, was es ist?“

Er hielt einen grauen Eisklumpen hoch, der unter den hellen Lampen der Zentrale bereits zu schmelzen begann. Im Inneren war ein dunkler Gegenstand zu erkennen.

Roshni schnappte nach Luft. „Ein Kometensplitter! Er muss in der Außenwand der *Kolumbus* stecken geblieben sein. Also

haben wir doch ein Souvenir!" Sie war überglücklich, ein Erinnerungsstück an ihre besondere Mission zu haben.

Das Eis hatte einen Brocken dunkles, knollenartiges Gestein enthüllt. „Wow", raunten alle und betrachteten ihn eingehend.

„Kometen bestehen hauptsächlich aus Eis", erklärte Roshni, „aber auch aus Mineralien und anderen Dingen."

Sie öffnete die Vitrine und legte den Kometensplitter hinein. Nun prangte er

zwischen einem Fossil von Tamiko und einem in Bernstein eingeschlossenen Insekt, das Olli im Regenwald gefunden hatte.

Es wurde Zeit für Roshni, zu ihrem Campingausflug zurückzukehren. Hoffentlich dachten ihre Eltern, dass sie bereits in ihrem Zelt schlief. *Was würden sie sagen, wenn sie wüssten, dass ich einen Weltraumspaziergang gemacht habe?*, dachte sie.

„Tschüss zusammen, bis zum nächsten Mal!“ Sie winkte ihren Freunden zum Abschied und ging durch die leuchtende Tür.

Auf der anderen Seite fand sie sich vor ihrem Zelt wieder. Roshni war zurück im Himalaja, am nächtlichen Ufer des von Bergen umgebenen Sees.

Ihre Eltern saßen am Lagerfeuer und plauderten. Während Roshnis geheimer Mission war hier offensichtlich gar keine Zeit vergangen.

„Fast hätte ich vergessen, was ich im Zelt wollte“, schmunzelte sie. Sie schlüpfte hinein, kramte in ihrer Tasche und fand das neue Objektiv für ihr Teleskop.

Es stand immer noch dort, wo sie es gelassen hatte – auf seinem Stativ und gen Himmel gerichtet. Roshni schraubte das neue Objektiv ein und suchte noch einmal Jupiter. Viel besser! Der Planet zeichnete sich klar und deutlich ab, und das neue Objektiv hatte ihn so stark vergrößert, dass der Große Rote Fleck jetzt gut zu erkennen war.

Roshni konnte immer noch nicht ganz glauben, dass sie Jupiter wirklich aus der

Nähe gesehen und sogar direkt in diesen riesigen, tobenden Wirbelsturm geblickt hatte. Was würde sie auf ihrem nächsten Forscher-Kids-Abenteuer wohl erleben?

Es würde eine Überraschung werden, so viel stand fest.

Und sie konnte es kaum erwarten!

ROSHNIS
NOTIZEN

DAS SONNENSYSTEM

KUIPER GÜRTEL

Der Kuiper-Gürtel befindet sich am Rand des Sonnensystems. Er besteht aus gefrorenen Objekten, etwa aus Kometen und Zwergplaneten.

Das Sonnensystem entstand vor 4,6 Milliarden Jahren. Eine Wolke aus Gas und Staub verdichtete sich durch Schwerkraft und wurde schließlich zu einem Stern – unserer Sonne. Das übrige Material verklumpte und formte Planeten, Asteroiden, Kometen und Monde. Sie alle befinden sich in einer Umlaufbahn um die Sonne.

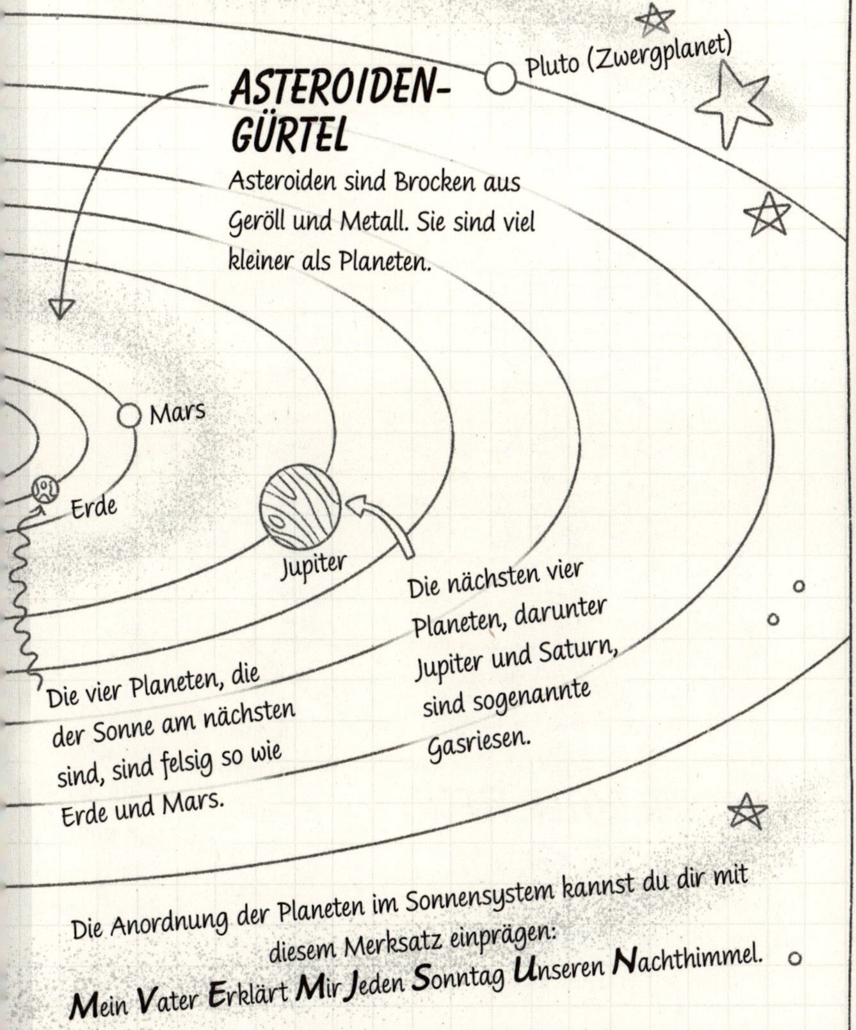

Die Anordnung der Planeten im Sonnensystem kannst du dir mit diesem Merksatz einprägen:

Mein **V**ater **E**rklärt **M**ir **J**eden **S**onntag **U**nseren **N**achthimmel.

JUPITER

Jupiter ist der größte Planet unseres Sonnensystems. Er besteht hauptsächlich aus dem Gas Wasserstoff und hat keine feste Oberfläche.

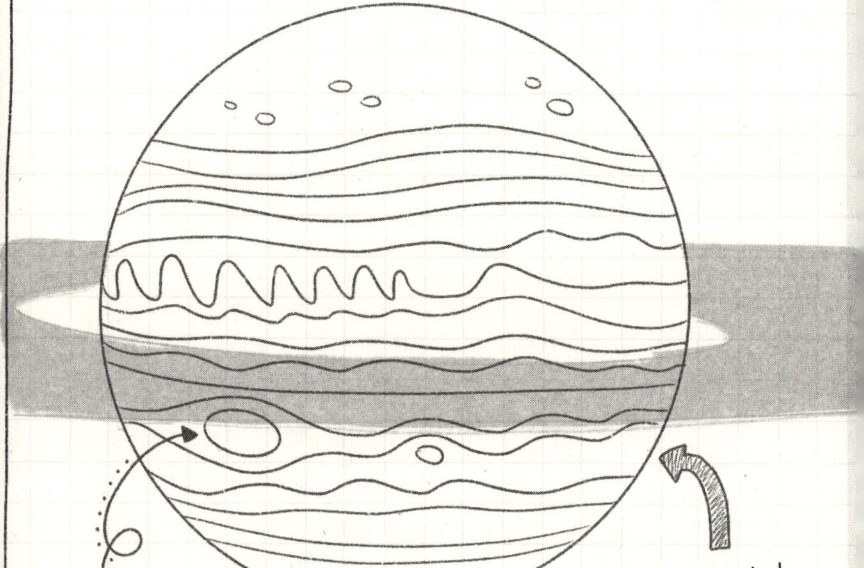

Jupiters Streifen sind Wolken aus Ammoniak und Wasser. Auf Jupiter ist es sehr kalt und windig.

GROSSER ROTER FLECK

Jupiters Großer Roter Fleck ist ein gigantischer Wirbelsturm. Er ist doppelt so groß wie die Erde und tobt schon seit Jahrhunderten.

DATENBLATT

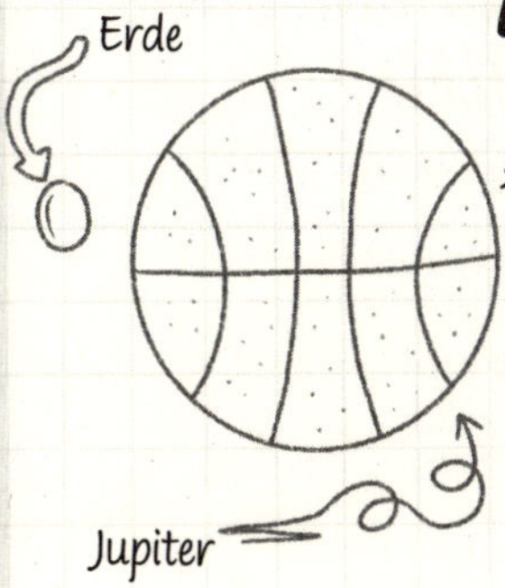

* **Größe**: Jupiter ist der größte Planet des Sonnensystems. 1321 Erden würden in ihn hineinpassen. Wenn die Erde die Größe einer Traube hätte, wäre Jupiter so groß wie ein Basketball.
* **Entfernung zur Sonne**: Jupiter umkreist die Sonne in etwa 778 Millionen Kilometern Entfernung. Die Erde ist 150 Millionen Kilometer von der Sonne entfernt.
* **Monde**: Wissenschaftler gehen heute davon aus, dass Jupiter 79 Monde hat, aber es werden immer wieder neue entdeckt. Die vier größten sind Ganymed, Io, Callisto und Europa.
* **Tagesdauer**: Ein Tag auf dem Jupiter dauert nur 10 Stunden – so schnell dreht er sich einmal um sich selbst.

Jupiters Ringe bestehen aus Staub.

EIN JUPITERJAHR IST SO LANG WIE 12 ERDJAHRE!

DIE RAUMSONDE GALILEO

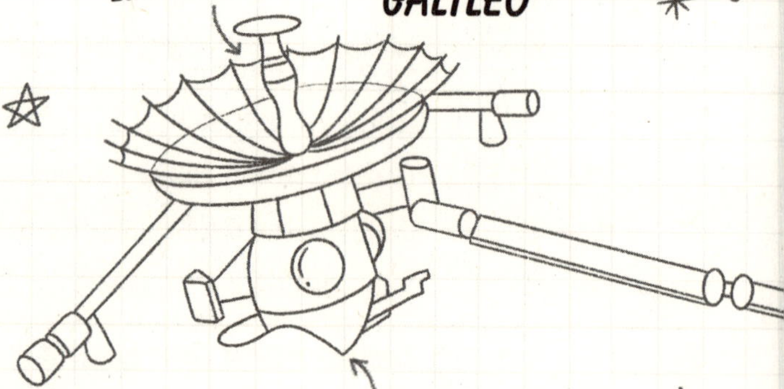

DER KÖRPER VON GALILEO WAR SO GROSS WIE EIN BUS.

ZEITSTRAHL

18. Oktober 1989
Galileo startet vom Kennedy Space Center (USA).

10. Februar 1990
Erreicht die Venus und steigert mit einer Schwerkraftschleuder ihre Geschwindigkeit.

8. Dezember 1990
Passiert die Erde und nutzt deren Schwerkraft, um Geschwindigkeit aufzubauen.

28. August 1993
Besucht einen Asteroiden namens Ida und entdeckt, dass dieser seinen eigenen Mond hat.

22. Juli 1994
Beobachtet, wie Kometenfragmente in Jupiter einschlagen.

DIE GALILEO-MISSION

Vier Raumsonden sind bisher an Jupiter vorbeigeflogen, aber Galileo war die erste, die in seine Umlaufbahn eintrat. Galileo untersuchte Jupiter und seine Monde und schickte Informationen zur Erde. Als ein Komet in Jupiter einschlug, sammelte Galileo wertvolle Daten über dieses Ereignis.

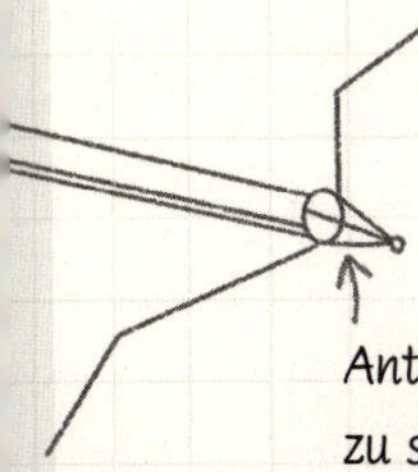

Antenne, um Informationen zu sammeln

7. September 1996
Entdeckt, dass Jupiters Mond Europa Ozeane aus Salzwasser hat.

21. September 2003
Stürzt in die extrem heiße Atmosphäre des Jupiters und verglüht.

7. Dezember 1995
Tritt in Jupiters Orbit ein. Eine Zusatzsonde steigt in die Atmosphäre hinab und schickt eine Stunde lang Daten zu Galileo, bevor sie zerstört wird.

15. Oktober 2001
Fliegt sehr nahe an Io vorbei, nur 180 km über der Oberfläche.

QUIZ

1 Wie heißt der gigantische Sturm auf dem Jupiter?

2 Wie oft würde die Erde in den Jupiter passen?

3 Hat der Jupiter Ringe?

4 Wie viele Monde hat der Jupiter?

5 Wie heißt sein größter Mond?

6 Auf welchem Jupitermond gibt es Salzwasser-Ozeane?

7 Wer betrat als erster Mensch den Mond?

8 Welche Temperatur herrscht im Erdkern?

SUCHE JUPITER!

In diesem Buch ist Jupiter neunmal versteckt. Kannst du ihn finden?

So sieht er aus!

Die Lösungen findest du auf Seite 127.

BEGRIFFE

ANTENNE
Ein Gerät, mit dem Radiosignale gesendet und empfangen werden.

ASTEROIDEN
Kleine Geröll-brocken, die die Sonne umkreisen.

BREMSRAKETEN
Raketen an einem Raumschiff, mit deren Hilfe gebremst wird.

COCKPIT
Bereich im Bug eines Raumschiffs, in dem der Pilot das Schiff steuert.

GESCHWINDIGKEIT
Die Schnelligkeit, mit der sich ein Objekt in eine Richtung bewegt.

GROSSER ROTER FLECK
Ein gigantischer Sturm in Jupiters Atmosphäre.

KOMETEN

Brocken aus Eis und Staub im Weltall.

KOSMISCHER STAUB

Staub im Weltraum von Kometen, Asteroiden und Sternen. Jupiters Ringe bestehen aus solchem Staub.

LUFTSCHLEUSE

Eine spezielle Kammer, die verhindert, dass Luft aus einem Raumschiff ins Weltall entweicht.

METEORIT

Ein Körper aus dem Weltraum, der in die Oberfläche eines Planeten eingeschlagen ist.

MIKROBEN

Winzige Lebewesen, die nur unter dem Mikroskop erkennbar sind.

MIKROSKOP

Ein wissenschaftliches Instrument, um winzige Objekte zu sehen.

MILCHSTRASSE
Die Galaxie, in der sich unser Sonnensystem befindet.

ORBIT
Die Umlaufbahn eines Objekts um einen Stern, Planeten oder Mond herum.

RAUMANZUG
Ein Anzug, den Astronauten tragen, um im Weltraum zu überleben.

SCHOCKWELLEN
Spezielle, sehr starke Vibrationen, die von einer Stelle ausgehen.

SCHWERKRAFT
Eine Kraft, durch die sich Objekte gegenseitig anziehen. Die Schwerkraft der Erde hält uns auf dem Boden.

SCHWERKRAFT-SCHLEUDER
Ein Manöver, bei dem ein Raumschiff die Schwerkraft eines Planeten nutzt, um schneller zu werden.

SONDE
Ein unbemanntes, ferngesteuertes Raumschiff, das den Weltraum erforscht.

WELTRAUM-SPAZIERGANG
Wenn Astronauten ihr Raumschiff verlassen.

SONNENSYSTEM
Das System von Planeten und anderen Objekten, die unsere Sonne umkreisen.

TELESKOP
Ein wissenschaftliches Instrument, mit dem man weit entfernte Dinge sehen kann.

Lösungen
1. Der Große Rote Fleck
2. 1321-mal
3. Ja
4. 79 Monde
5. Ganymed
6. Europa
7. Neil Armstrong
8. 6000 °C

DK | Penguin Random House

Für Conall, Weltraumexperte und Sternenreisender

Text for DK by Working Partners Ltd
9 Kingsway, London WC2B 6XF
Mit speziellem Dank an Adrian Bott

Gestaltung Collaborate Ltd, Joanne Clark
Illustrationen Ellie O'Shea
Fachliche Beratung Sophie Allan
Lektorat Sam Priddy, Sarah Larter
Herstellung Nikoleta Parasaki, Ena Matagic

Der Verlag dankt Sally Beets und Seeta Parmar
für zusätzliche Lektoratsunterstützung.

Für die deutsche Ausgabe:
Verlagsleitung Monika Schlitzer
Programmleitung Heike Faßbender
Redaktionsleitung Martina Glöde
Projektbetreuung Martina Glöde, Angelika Herre
Herstellungsleitung Dorothee Whittaker
Herstellungskoordination Katharina Schäfer
Herstellung Leonie Herr, Jenny Kolbe

Titel der englischen Originalausgabe:
Secret Explorers: Comet Collision

Übersetzung Violeta Topalova
Lektorat Susanne Böse

ISBN 978-3-8310-4793-2

Druck und Bindung TBB, a.s., Slowakei

FSC www.fsc.org MIX Papier aus verantwortungsvollen Quellen FSC® C018179

www.dk-verlag.de

Klimaneutral Druckprodukt
ClimatePartner.com/10326-2303-1003